幼儿大科学
（精选版）

万物不可思议的由来

王渝生◎主编

项华◎编著　樊煜钦◎绘

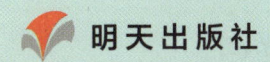

明天出版社

图书在版编目（CIP）数据

万物不可思议的由来 / 项华编著；樊煜钦绘 .—济南：明天出版社，2019.10
（幼儿大科学：精选版 / 王渝生主编）
ISBN 978-7-5708-0461-0

Ⅰ．①万… Ⅱ．①项… ②樊… Ⅲ．①科学知识－儿童读物 Ⅳ．① Z228.1

中国版本图书馆 CIP 数据核字 (2019) 第 191887 号

幼儿大科学（精选版）
万物不可思议的由来

王渝生 / 主编　　项华 / 编著　　樊煜钦 / 绘

出版人 / 傅大伟
选题策划 / 冷寒风
责任编辑 / 刘义杰　于　跃
特约编辑 / 张雅文　李楠楠
项目统筹 / 鹿　瑶
美术编辑 / 赵孟利
版式统筹 / 吴金周　田新培
封面设计 / 罗　雷
出版发行 / 山东出版传媒股份有限公司
　　　　　　明天出版社
地址 / 山东省济南市市中区万寿路19号

http://www.sdpress.com.cn　　http://www.tomorrowpub.com
经销 / 各地新华书店　　**印刷** / 北京尚唐印刷包装有限公司
版次 / 2019年10月第1版　　**印次** / 2019年10月第1次印刷
规格 / 720毫米×787毫米 12开 4印张
ISBN 978-7-5708-0461-0　　**定价** / 16.00元

版权所有，侵权必究
本书若有质量问题，请与本社联系调换。电话：010-82021443

目录

我们头顶的发光球 \4

空气里不停发生的变化 \6

在地球上跑来跑去的变形怪 \8

踩在脚底下的大土块 \10

从地里冒出来的生命 \12

博物馆里的大骨头怪 \14

从地上猛兽变成海底巨鲸 \16

史前动物小历史 \18

我们身体的由来 \20

让人生病的小怪物 \22

长大就变美的小肉虫 \24

从蜜蜂身体里钻出来的甜东西 \26

又香又甜的棕色方块 \28

一起制作奶油大蛋糕吧 \30

把豆子变成白色方块的秘密 \32

埃及金字塔的由来 \34

让水龙头有水的管道 \36

来自森林的植物薄片 \38

可以用来写字的小棍 \40

伟大的人造透明"石头" \42

宇宙飞船是怎么被送上天的 \44

小提琴、钢琴和长笛的由来 \46

它们是怎么来的 \48

我们头顶的发光球

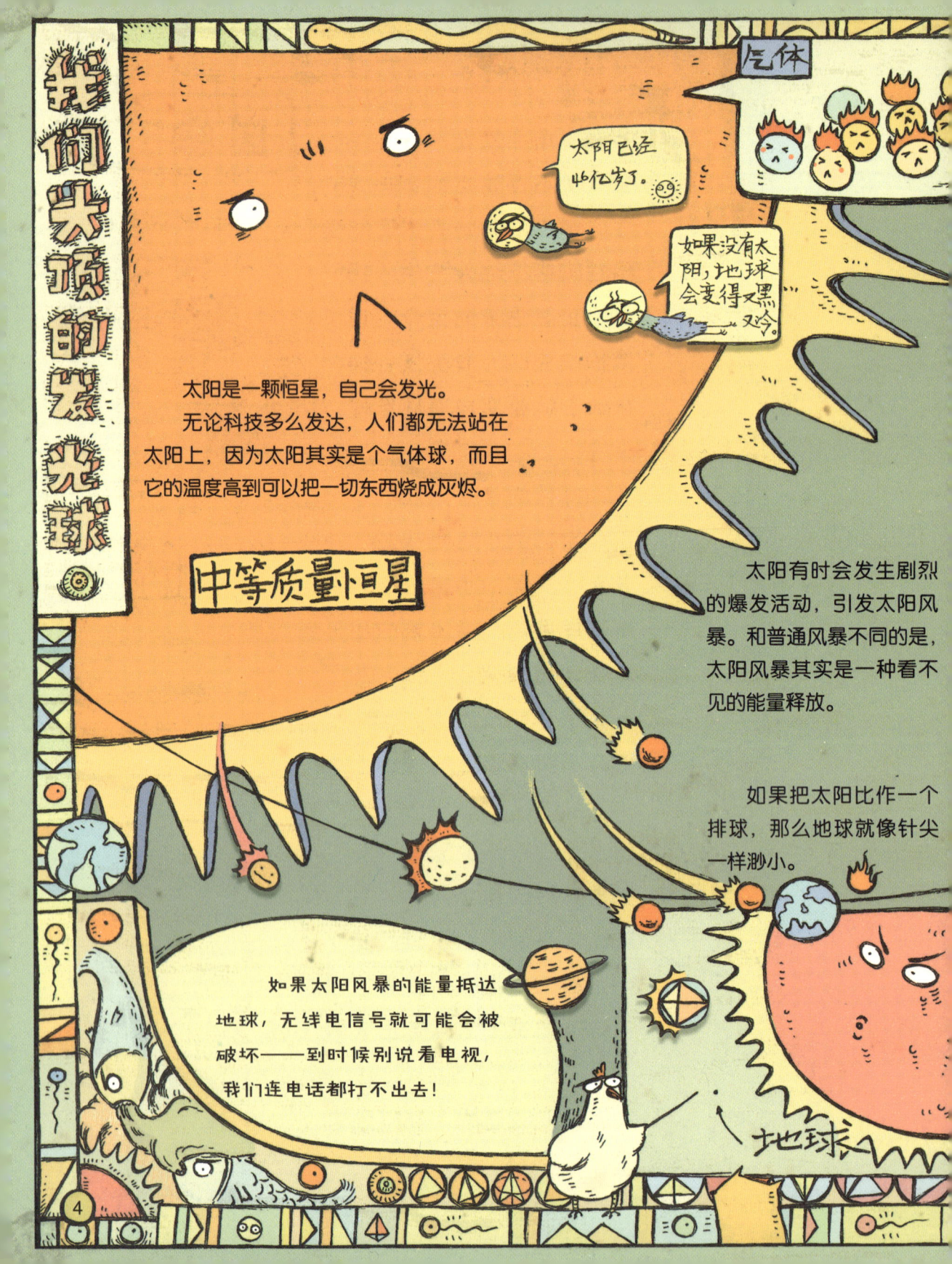

气体

太阳已经46亿岁了。

如果没有太阳,地球会变得又黑又冷。

太阳是一颗恒星,自己会发光。

无论科技多么发达,人们都无法站在太阳上,因为太阳其实是个气体球,而且它的温度高到可以把一切东西烧成灰烬。

中等质量恒星

太阳有时会发生剧烈的爆发活动,引发太阳风暴。和普通风暴不同的是,太阳风暴其实是一种看不见的能量释放。

如果把太阳比作一个排球,那么地球就像针尖一样渺小。

如果太阳风暴的能量抵达地球,无线电信号就可能会被破坏——到时候别说看电视,我们连电话都打不出去!

地球

原恒星

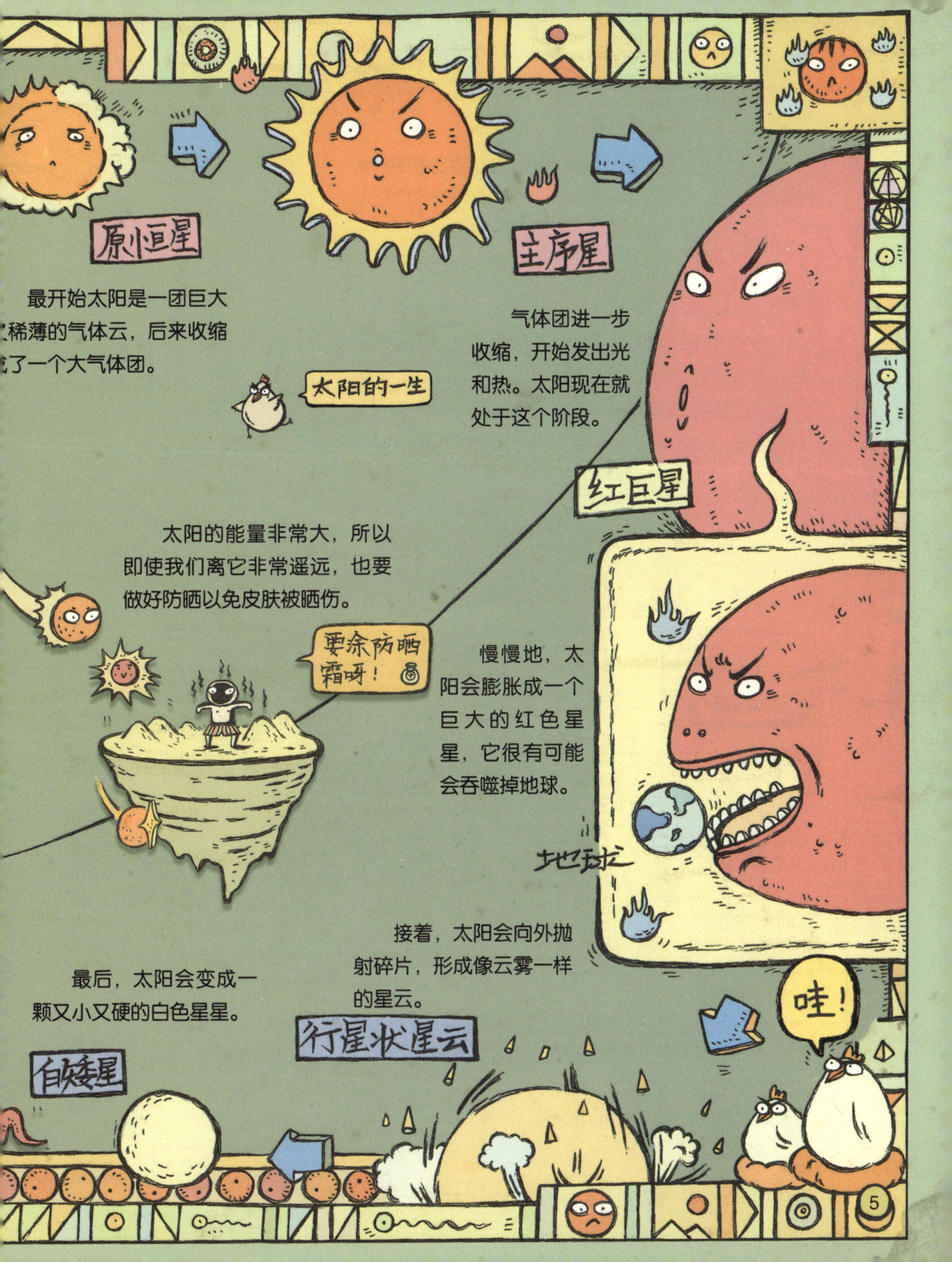

最开始太阳是一团巨大又稀薄的气体云，后来收缩成了一个大气体团。

主序星

气体团进一步收缩，开始发出光和热。太阳现在就处于这个阶段。

太阳的一生

太阳的能量非常大，所以即使我们离它非常遥远，也要做好防晒以免皮肤被晒伤。

要涂防晒霜呀！

红巨星

慢慢地，太阳会膨胀成一个巨大的红色星星，它很有可能会吞噬掉地球。

地球

接着，太阳会向外抛射碎片，形成像云雾一样的星云。

哇！

最后，太阳会变成一颗又小又硬的白色星星。

白矮星

行星状星云

天空中的云、落到地面的雨、可怕的闪电……所有天气的变化都要从太阳开始讲起。

热空气飘走以后，冷空气迅速从别的地方跑过来，这时就形成了"风"。

靠近地面的空气阳光晒热后会变轻，们可以像气球一样飘几千米高的空中。

雷

因为闪电比雷跑得快！

忍不住了，我要炸了！

为什么我们先看到闪电再听到打雷？

雷雨天时，人们总是习惯性地捂上耳朵来躲避雷声。但其实雷声并不可怕，危险的反而是闪电。闪电的温度很高，树木被劈到后甚至还会引发火灾！避雷针可以帮助人们避免雷击灾害。

阿热。

好潮啊！

空气里不停发生的变化

水会变成看不见的水蒸气跑进空气里,跟着热空气一起升到高空。

高空很冷,于是水蒸气们抱在一起形成小水滴,很多小水滴就聚成了云。

水里太热了!

小水滴越来越多,越来越重,直到空气托不动它们了,水滴们就开始往下落,这就是"雨"。

天冷时水蒸气们会直接被冻成小冰晶,形成"雪花"或"冰雹"。

在地球上跑来跑去的变形怪

液态　固态　气态

水有变形的能力。它既可以变成液体到处流淌，也可以变成水蒸气飞向天空，还可以变成硬邦邦的冰浮在水上。

水变成冰以后，体积会增大。

地球上的水基本都存在于海洋中，只有极少一部分水是淡水，而且超过一半的淡水都是冰，它们大部分都在地球最大的"冰库"——南极大陆上。

地球上的水从地球最初形成的时候就在这里，被反复利用着：水蒸发形成云，再变成雨或雪回到地面，汇聚成河流后再次蒸发形成云……这就是"水循环"。

地球上的生命最初是在水里诞生的，生命本身也离不开水。如果没有水，我们连一周也活不了。

又下雪喽！

哇！
你喝下的水中，也许有一部分水分子也到过爱因斯坦的身体里。
只有不到1%的淡水可以被人类利用，这就是我们要珍惜水的原因。
水蒸气是看不见的，但它确实在空气里。
水
蒸
气
水

踩在脚底下的大土块

高大的山峰、精美的雕像、璀璨的宝石……生活中处处都可以看到坚硬的石头。那么，数量庞大的它们是从哪里来的呢？

沉积岩

风把灰尘和沙土吹进湖泊和海洋里，它们一层压一层，变得越来越硬，"沉积岩"就出现了。

你脚下的地方不论是土壤还是水，只要你向下挖总会遇见岩石。

岩石

很深的地底是没有动物的。

土壤里藏着很多小居民：蚯蚓、蚂蚁、蜘蛛、真菌等。

蜘蛛

蚯蚓　蜘蛛

10

地球内部特别热，连岩石都熔化成了炽热黏稠的岩浆，它们随着火山爆发被喷出地面，冷却变硬后可以重新成为石头，叫作"火成岩"。

火成岩

细小的石粒叫作沙子，它们和死去的动植物混合在一起，形成土壤。

烫

自古以来，石头就与人类息息相关，远古人类把石头做成武器和工具。

现在人们用石头来盖房子、造桥，还把它们做成雕塑。

蚂蚁

矿石

遇到高温和高压的时候，有些岩石就会"被迫"改变自己，重新结晶形成新的矿物，也就是"变质岩"。

金和银是天然金属哟！

蜘蛛

变质岩

土壤是大多数植物生长必不可少的物质，能为植物提供养分。

金　银

从地里冒出来的生命

氧气 **光合作用**

植物利用光能将二氧化碳和水等无机物合成有机物并释放氧气的过程。

叶绿体

几乎所有的植物都是靠"吃太阳"生存的，它们体内有大量叫作叶绿体的中转站，可以利用阳光把吸进身体里的二氧化碳和水转化成有机物和氧气。

玫瑰花和水稻都是从种子开始生长的。

除了常见的通过种子繁殖，有些植物还可以通过扦插和分离进行繁殖。

葡萄枝条

第二年就会有葡萄了哟！

把土豆切块种在土里，就能收获更多土豆。

发芽的土豆

根

茎是运送水分和养分的通道。

好挤呀！

茎

养分

叶

阳光呢？

和人一样，植物也有自己的器官。它们的器官叫作根、茎、叶、花、果实和种子。

仔细看！植物的叶片上有很多细小的气孔，这是它们用来"呼吸"的通道。

植物没有五官，也能感受世界。

向日葵的花盘总是望向太阳的方向，含羞草被触摸以后会卷起自己的叶子，洋葱和胡萝卜散发的气味可以驱赶害虫。

根支撑着整个身体。

博物馆里的大骨头怪

骨骼

脚印

皮肤印迹

牙齿

骨骼、牙齿这类硬东西更容易成为化石。

化石能出现在博物馆里太难得了。

恐龙化石的由来。

要小心,不要在无数次的地球运动中被挤压变形。

生活在6500万年以前的恐龙,只有很小一部分成为了化石。

考古专家要利用锤子、凿子、刷子等,才能小心翼翼地把化石从岩石中分离出来。

恐龙蛋化石

锤子

镐头

洞穴化石

蛋

根据化石，人们可以推测出恐龙的体形大小和生活习惯。

要小心穴居动物。

在等待成为化石的时候，最好不要被穴居动物发现，不然恐龙骨头就会被它们装修成新家。

生命消失后被泥土等沉积物迅速掩埋和隔绝氧气是形成化石的重要条件。

湖 泊 含 氧 少

大块化石

石膏和胶水可以确保化石的安全运输。

石膏　刷子　胶水

从地上猛兽变成海底巨鲸

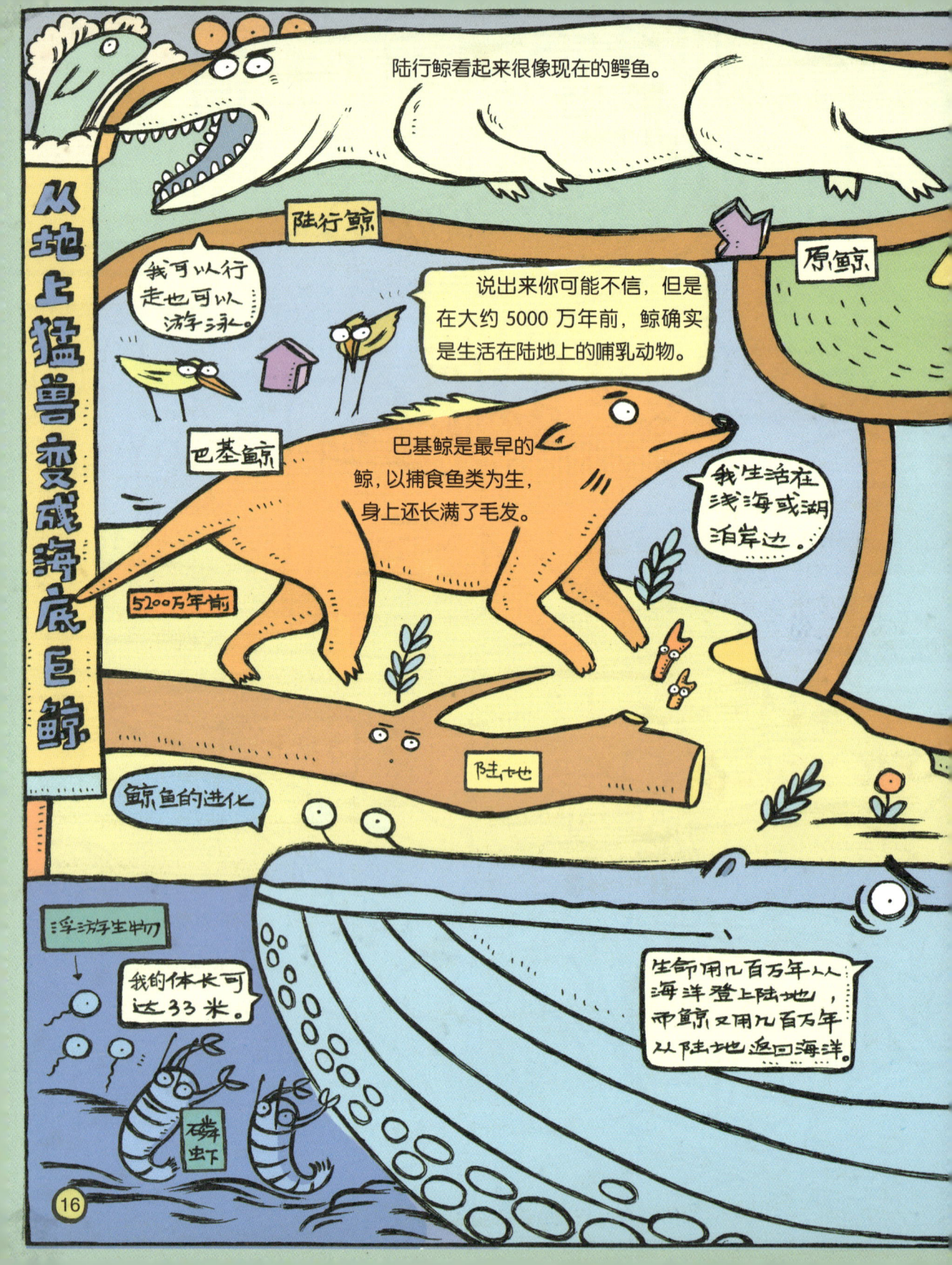

陆行鲸看起来很像现在的鳄鱼。

陆行鲸

原鲸

我可以行走也可以游泳。

说出来你可能不信,但是在大约5000万年前,鲸确实是生活在陆地上的哺乳动物。

巴基鲸

巴基鲸是最早的鲸,以捕食鱼类为生,身上还长满了毛发。

我生活在浅海或湖泊岸边。

5200万年前

陆地

鲸鱼的进化

浮游生物

我的体长可达33米。

磷虾

生命用几百万年从海洋登上陆地,而鲸又用几百万年从陆地返回海洋。

现在有些鲸的身体里仍然有没有退化完全的后肢骨呢!
3800万年前
矛齿鲸有着像尖矛一样的牙齿，生活在温暖的海洋里。
矛齿鲸
原鲸可以清晰地听到水里的声音。
我能长5米长。
喜欢的食物
2700万年前
须鲸
有些鲸进化出了像毛发一样的鲸须。
须鲸依靠鲸须过滤出水中的浮游生物。
我们用头顶的喷气口呼吸。
大约500万年前，海洋的温度升高，海水中的浮游生物变多，磷虾也变多了。
依靠鲸须滤食的须鲸，吃得越来越多，体形很快就变大了。

史前动物小历史

- **剑龙**：背上的骨板让敌人望而生畏。（1.4亿年前）
- **始祖鸟**：背上有高的"帆"（约1亿年前）
- **棘龙**
- **重爪龙**：用硕大的爪子抓鱼吃。（约1.25亿年前）
- **马门溪龙**：长达22米的植食性恐龙，脖子非常长。（约1.25亿年前）
- **腔骨龙**：恐龙家族最早的成员之一。（约2.15亿年前）
- **龙王鲸**：体长20米的浅海霸王。（约3400万年前）
- **犬颌兽**：一种接近哺乳动物的爬行动物。（约2.15亿年前）
- **大带齿兽**：早期的哺乳动物。（2.3亿年前）
- **雷犀**：鼻子上方挺立着巨大的角。（约3000万年前）
- **天山副巨犀**：目前已知最大的陆行哺乳动物，高5米，长9米。（约3000万年前）
- **大海牛**

人类小历史

- **埃及猿**：人类、黑猩猩和大猩猩的直系祖先。（约1200万年前）
- **更猴**：最早的灵长目动物，长得像松鼠。（约5000万年前）
- 灵长类动物向原始人类进化的过渡物种。（约3300万年前）

恐龙小历史
体积最大的肉食性恐龙。（约6500万年前）
霸王龙
甲龙
伶盗龙
脑袋上长着头盾和尖角。（6500万年前）
三角龙
像坦克一样，披着厚厚的盔甲。（约6500万年前）
哺乳动物小历史
可以用扁平的尖牙铲起水草吃。（约500万年前）
铲齿象
以前还有人叫我美人鱼呢！
素食主义者。
（约4000年前）
猛犸象
老虎和猫的共同祖先。（约1万年前）
剑齿虎
森林古猿
人类的远房亲戚，能够直立行走。（约300万年前）
南方古猿阿法种
能人
能使用工具。（约160万年前）
会使用火。（约25万年前）
直立人
欧洲人祖先的近亲，智商接近现代人。（约3万年前）
尼安德特人
现代人
（约4万年前—现在）

我们身体的由来

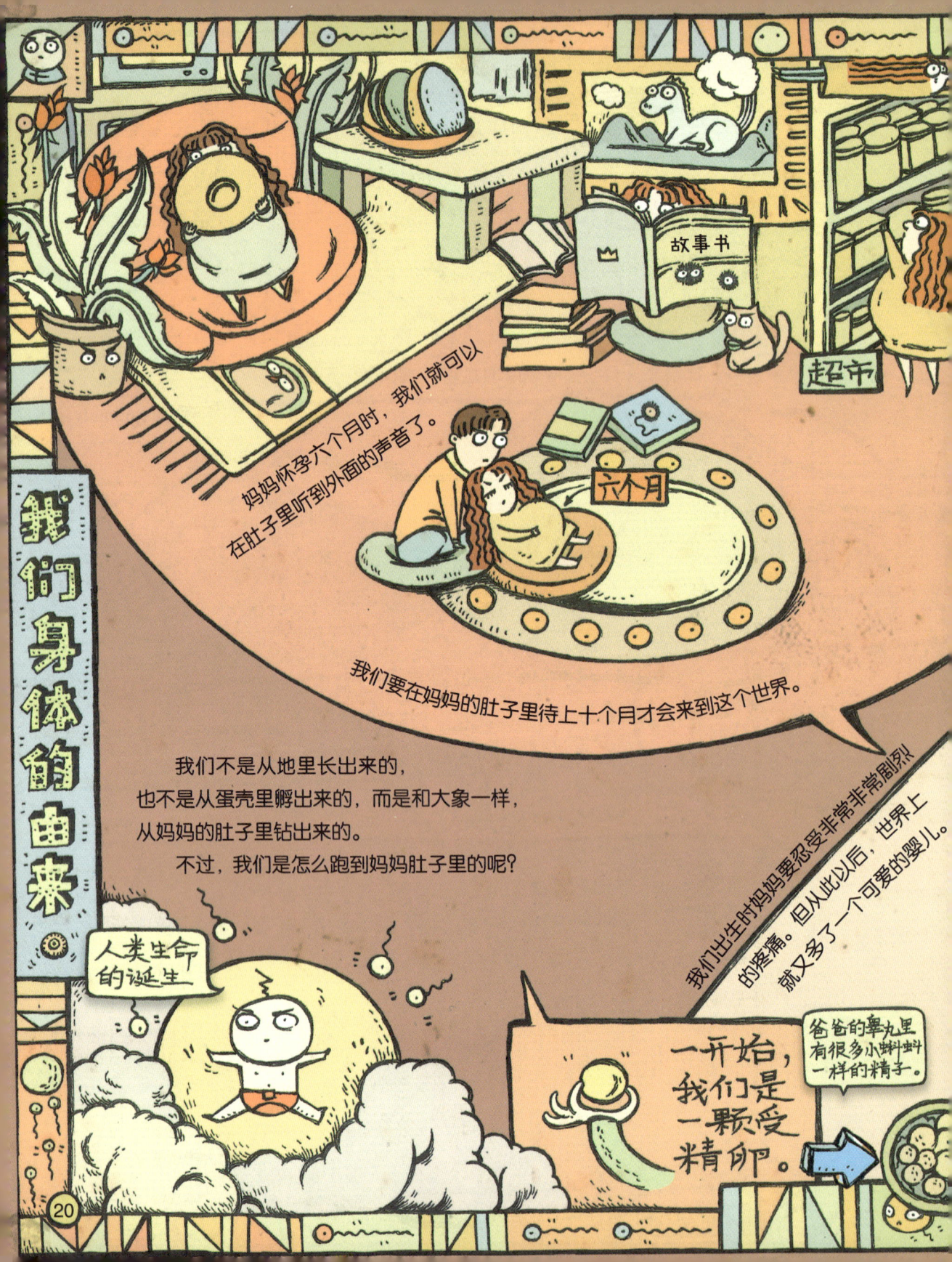

妈妈怀孕六个月时，我们就可以在肚子里听到外面的声音了。

六个月

故事书

超市

我们要在妈妈的肚子里待上十个月才会来到这个世界。

我们不是从地里长出来的，也不是从蛋壳里孵出来的，而是和大象一样，从妈妈的肚子里钻出来的。
不过，我们是怎么跑到妈妈肚子里的呢？

我们出生时妈妈要忍受非常非常剧烈的疼痛。但从此以后，世界上就又多了一个可爱的婴儿。

人类生命的诞生

一开始，我们是一颗受精卵。

爸爸的睾丸里有很多小蝌蚪一样的精子。

受精卵

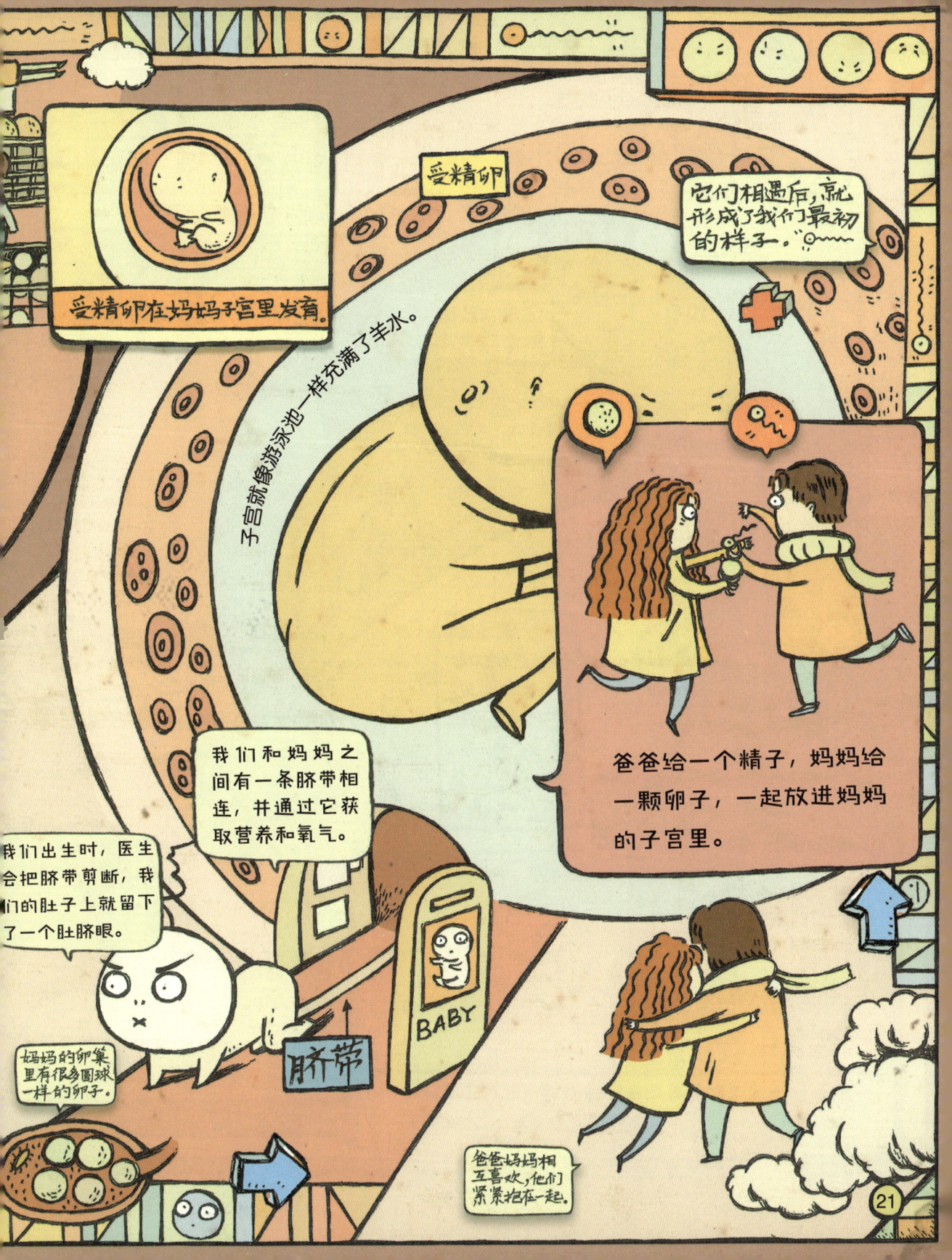

受精卵在妈妈子宫里发育。

它们相遇后，就形成了我们最初的样子。

子宫就像游泳池一样充满了羊水。

爸爸给一个精子，妈妈给一颗卵子，一起放进妈妈的子宫里。

我们和妈妈之间有一条脐带相连，并通过它获取营养和氧气。

我们出生时，医生会把脐带剪断，我们的肚子上就留下了一个肚脐眼。

妈妈的卵巢里有很多圆球一样的卵子。

脐带

BABY

爸爸妈妈相互喜欢，他们紧紧抱在一起。

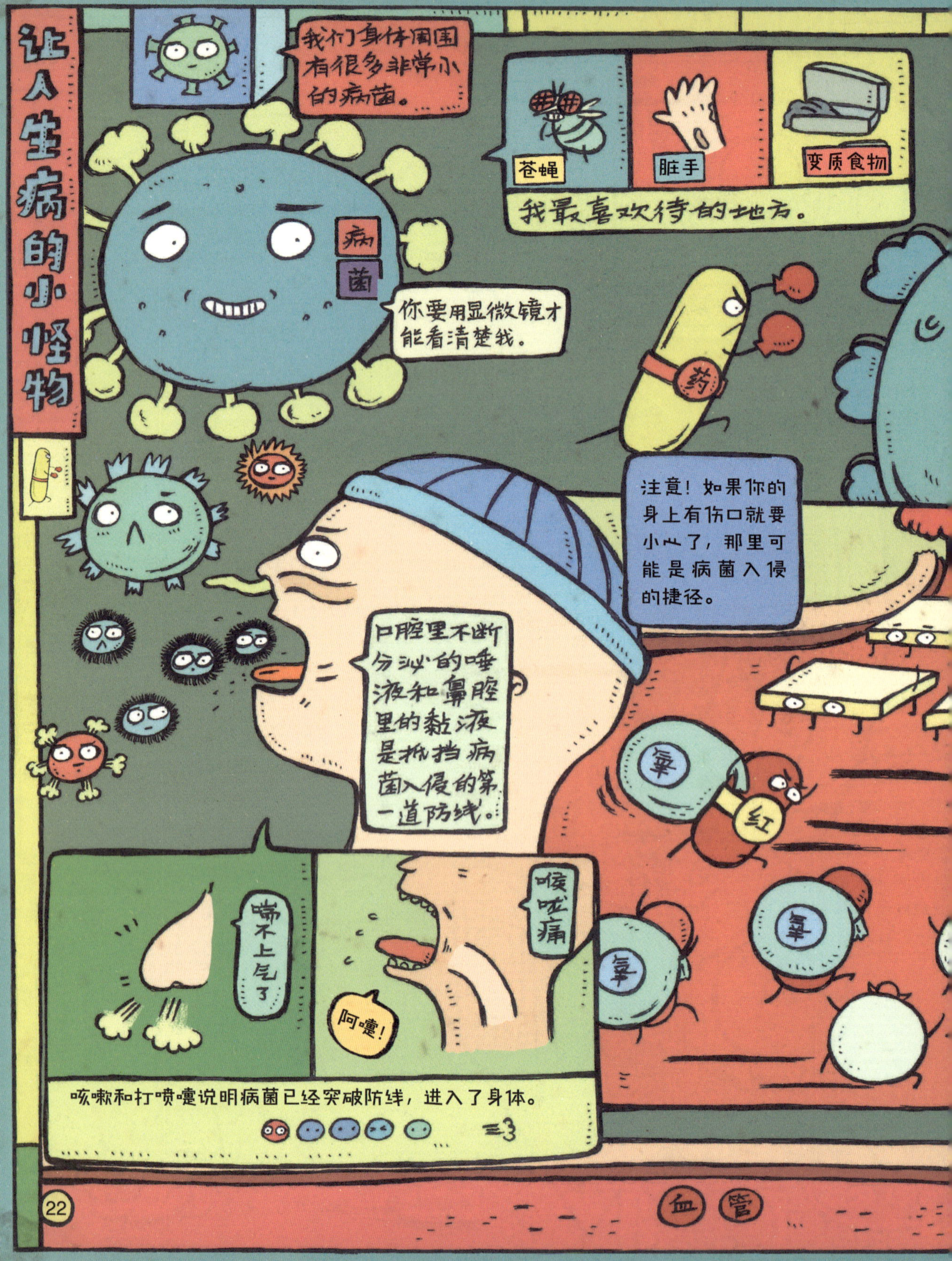

让人生病的小怪物
我们身体周围有很多非常小的病菌。
苍蝇
脏手
变质食物
我最喜欢待的地方。
病菌
你要用显微镜才能看清楚我。
药
注意！如果你的身上有伤口就要小心了，那里可能是病菌入侵的捷径。
口腔里不断分泌的唾液和鼻腔里的黏液是抵挡病菌入侵的第一道防线。
氧
红
喘不上气了
喉咙痛
阿嚏！
咳嗽和打喷嚏说明病菌已经突破防线，进入了身体。
血管

很厉害的病菌

我来啦!

注意个人卫生和经常运动是提升身体免疫力、打倒病菌的两大法宝。

阵亡的白细胞

当发生创伤后,血小板会迅速聚集到伤口处帮助止血。

我负责修补破掉的血管。

有些病菌比较厉害,白细胞打不过,这时就需要药物来帮啦。

血管

红细胞是红色的,白细胞和血小板等没有颜色,所以我们的血液是红色的。

血小板

红细胞 白细胞

为了抑制病菌的繁殖,身体中的肌肉和血管开始工作,让体温上升,来对抗病菌。

如果病菌进入我们的血液,我们就会开始发烧。

我把氧气带到全身。

我负责杀灭病菌。

血液中存在血细胞,血细胞包括红细胞、白细胞和血小板。

长大就变美的小肉虫

蝴蝶和飞蛾生活习性不同，但都喜欢把卵产在树叶上。

不同种类的蝴蝶和蛾产下虫卵的形状、颜色不同。

卵

我翅膀上的"眼睛"可以吓退敌人。

最后一次蜕皮。
皮

越来越瘦

做一个新家
化蛹

蚕宝宝的茧是丝绸的原材料。
茧

当毛毛虫破蛹而出后，就会变成蝴蝶或飞蛾。

2

卵孵化以后,钻出来的可不是蝴蝶和飞蛾,而是一条肉乎乎的虫子——毛毛虫。

毛毛虫从咬破虫卵,从里面爬出来的那刻起,就开始不停地吃。

啊呜!
啊呜!
太能吃了!
好好吃啊!
小心点!我身上带了毒。

大多数毛毛虫一生要蜕五次皮。

虫卵

不同种类的毛毛虫长得不一样。

翅膀上的花纹

吸食蜜时,花粉会沾到蝴蝶身上,植物从而实现花粉传播。

触角可以帮它们找到喜欢的花朵。

大部分蝴蝶靠吸食花蜜为生。

口器

大多数蝴蝶和飞蛾的嘴都是一根长长的"吸管"。

蜂箱

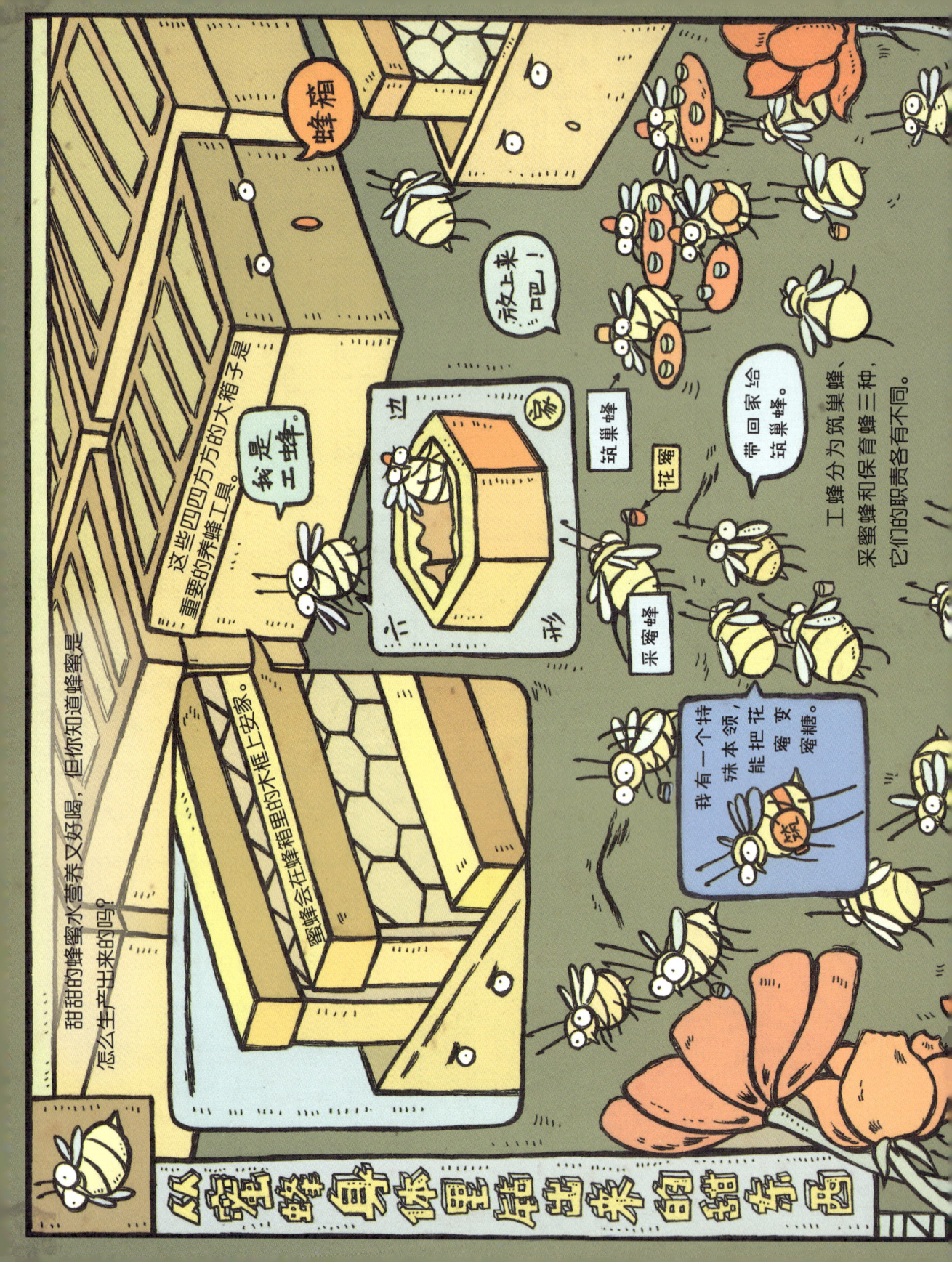

放上来吧！

家

这是工蜂。

这些四四方方的大箱子是重要的养蜂工具。

边

六

形

筑巢蜂

花蜜

带回家给筑巢蜂。

采蜜蜂

工蜂分为筑巢蜂、采蜜蜂和保育蜂三种，它们的职责各有不同。

蜜蜂会在蜂箱里的木框上安家。

我有一个特殊本领，能把花蜜变蜜糖。

甜甜的蜂蜜水营养又好喝，但你知道蜂蜜是怎么生产出来的吗？

从蜜蜂体里吐出来的甜蛋西

天然蜂蜜可以保存很长时间。
蜜
养蜂人
快扇呀！
不断地扇动翅膀，可以让蜂窝更浓稠。
加油
蜜桶
"嗡"
嗡
嗡
嗡
嗡
手套
取出蜂巢后，还要像洗衣机甩干衣服那样，把蜂蜜全都甩出来。
快喷喷雾！
取蜂蜜要穿戴上特制的衣服、网帽和手套。
喷雾
特殊的喷雾可以防止蜜蜂闻到气味攻击取蜂人。

又香又甜的棕色方块

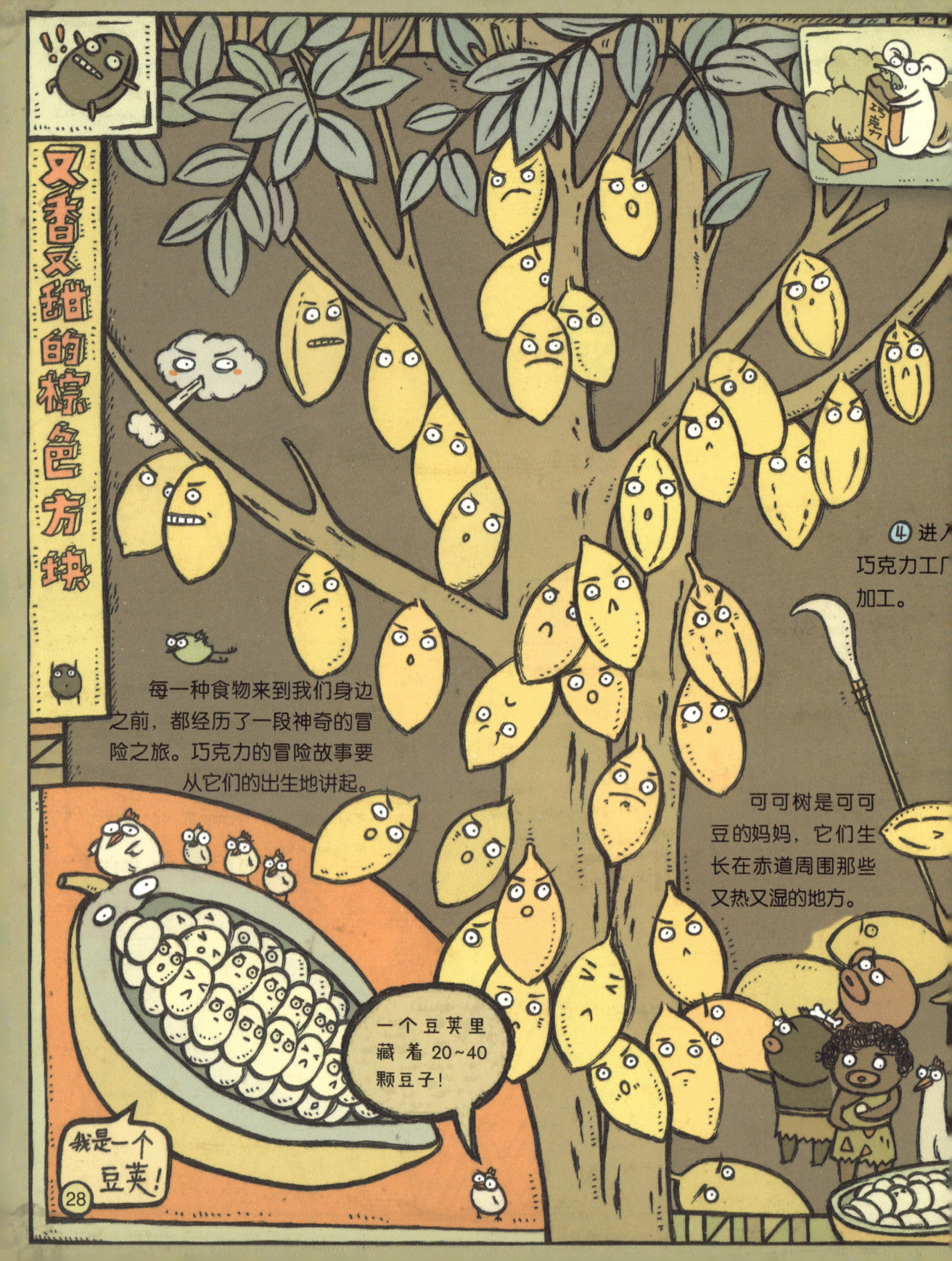

每一种食物来到我们身边之前，都经历了一段神奇的冒险之旅。巧克力的冒险故事要从它们的出生地讲起。

可可树是可可豆的妈妈，它们生长在赤道周围那些又热又湿的地方。

④ 进入巧克力工厂加工。

一个豆荚里藏着20~40颗豆子！

我是一个豆荚！

⑦给巧克力穿上漂亮的包装纸。
巧克力
机器
⑤加入糖、奶等让巧克力的味道更好。
⑥装进模型、冷却变硬。
挤
碾
压
碎
烘焙
搅拌
②装进麻袋等待世界各地的人购买。
60kg
90kg
乘船去别的大陆。
好重啊。
挤。
发酵中。
①晒可可豆让它干燥。
好晒啊！
变轻了。
晒。
好热啊。
走啦。
晒太阳之前，我们要先进入箱子里发酵到变成深棕色。

一起制作奶油大蛋糕吧

边加糖边搅蛋清，直到它成一团白色的腻腻的泡沫。

把鸡蛋分成透明的蛋清和黄色的蛋黄两部分。

奶油蛋糕是怎么来的呢？

如果我们从最开始说起，那蛋糕其实来自农场：面粉和砂糖是由小麦和甘蔗变来的，奶油和鸡蛋则来自奶牛和母鸡……

不过那个故事太长了，我们还是从厨房开始讲起吧！

将蛋糕坯横切成四份。

把奶油涂满蛋糕表面，并放上用来装饰的水果、巧克力和蜡烛。

蛋糕完成啦！

糖
泡沫
注意
我很重要的，我能让蛋糕鼓起来！
把牛奶、蛋黄、面粉和打好的泡沫搅拌均匀。
我是烤箱。
倒入蛋糕模具，放进烤箱。
草莓
每层蛋糕饼之间，涂一层奶油，放一层水果，
再涂一层奶油，直到把蛋糕饼全部放好。

把豆子变成白色方块的秘密

一 把干黄豆用清水泡发。

二 磨成豆浆。

三 纱布过滤。

过滤出来的豆渣可以做成好吃的豆渣饼。

七 倒进模具。

完成啦！

豆腐是中国人在两千多年前发明的食物。通过一种神奇的方法，人们可以把一颗颗豆子变成白白嫩嫩的大方块。

压一压。
凝固中
好重哟！
六
我变成豆腐花了。>_<
盐卤
点
韧
北豆腐
石膏
点
嫩
南豆腐
我是豆腐。
制
造
商
点卤
锅
开锅后再用小火慢慢煮两分钟。
盐卤和石膏就是把豆浆变成豆腐的秘密。
五
好烫啊！
记得用勺子把浮在上面的一团团泡沫舀出来。
浮沫
四
煮豆浆。

埃及金字塔的由来

埃及金字塔是埃及人民为他们的统治者法老修建的陵墓。

我是由平均两吨重的石块堆成的。

4600多年前

用凿子和钎子把石头从岩石上分割下来。

杠杆原理

平滑的道路可以节省力气。

第二种猜想

利用滚木和杠杆。

胡夫金字塔是古埃及金字塔中规模最大的一座，高约146米，由230万块巨石堆砌而成。其中，最重的石块质量将近50吨，约相当于10头大象那么重。古埃及人是怎么运送它们的呢？

利用水的浮力。

关于金字塔的巨石运输，人们有两种猜想：

第一种猜想

我是羊皮筏。

筏

羊皮筏

早晨用四条腿走路，中午用两条腿走路，晚上用三条腿走路，这是什么？

狮身人面像

筑起长长的土坡。

传说狮身人面像是根据埃及神话里的怪物——斯芬克斯的样子雕刻的，它守在金字塔的门口让过往的行人猜谜语，猜错了就要被吃掉。

不论用的是什么方法，宏伟的金字塔都是数万名埃及人用几十年时间修筑的伟大建筑。

让水龙头有水的管道

我是管道。

我们想用水时,只要轻轻拧开水龙头,就会有干净又丰富的水流从水管里流出来,但其实它们"走了"很长的路才到我们身边。

抽!

① 河水、雨水、雪水等被聚集在水库里。

水库

等人们拧开水龙头时,水就哗啦啦地从水龙头里流出来了。

⑦ 运送到很大的箱子里储存起来。

我能杀死水里让人生病的细菌。

水已经被处理得很干净了。

氯

水里的细菌

快跑呀!

加入氯(lǜ)消毒。

⑥ 水池

⑤ 滤池里铺着很多层沙子和小石头,它们可以"抓住"水里那些很小的脏东西。

36

用大泵把水抽走。
②
过滤出大块的垃圾
自来水厂
水龙头
"哗啦哗啦"
⑧
呀！
化学物质
③放入神奇的化学物质，让脏东西聚集成一团一团的。
我们是石头。
我们是沙子。
脏东西沉到水底了。
④排出脏东西。
还要经历一次过滤。
排出去

来自森林的植物薄片

纸的演变
1. 甲骨
2. 羊皮卷
3. 竹简
4. 帛
5. 现代纸

我们也可以用来造纸：竹子、草、废纸。

一棵树苗需要几十年才能长成大树。

树

① 砍树，将其运到造纸厂。

② 工厂加工。

近2000年前，蔡伦改进了造纸术。现在，造纸工厂1分钟就能生产出2000米长的纸。

森林

丢皮

送上大滚筒
⑥烘干纸浆。
大纸卷
⑤打浆后，把浆料沥干成湿纸张。
等着运出厂去吧！
沥干
⑦将纸卷卷成大卷，切成同样大小。
出厂喽！
E12
碎屑
我是化学原料。
煮
④将碎屑煮成纤维原浆，并加入化学原料把它漂白。
我是一大缸水。
切片
③将碎屑泡水。
碾成碎屑

可以用来写字的小棍

传说，2000多年前蒙恬发明了毛笔。

蒙恬

我是兔毛。

蘸上墨汁就可以写字了。

我是木棍。

中国人用毛笔创作了无数漂亮的书法作品。

芦笔

笔的历史

18世纪

石墨铅笔

石墨矿石

石墨粉末

化学家们用石墨制作出了世界上第一代铅笔。

铅笔做好了。

硫黄　锑　松香

19世纪时，铅笔有了木杆"外套"。

19世纪初

我是羽毛笔。

人们在羽毛笔的基础上发明出钢笔。

40

芦苇蘸水笔
古埃及人用芦苇秆蘸着墨水写字。
①
啊！
用了 1000 多年。
羽毛笔
②
处理干净
硬化
根部斜切
③
划一条线
穿小孔
④
中世纪时罗马人发明了羽毛笔。
可吸墨
墨水
1884年出生。
我是配有墨囊的自来水笔。
笔尖
自来水笔就是我们现在使用的钢笔。
墨囊
圆珠笔
制作圆珠笔笔尖的技术一直是商业机密。
笔芯
1888 年利用滚珠作笔尖的圆珠笔被发明出来了。
中国人在 2016 年才掌握了这个技术。
滚珠
现在
记号笔
油画棒
电子笔
我们可以买到各种各样的笔。

伟大的人造透明"石头"

几千年前

沙

相传腓尼基人发现把石英砂和天然苏打加热到很高的温度，它们会熔化成一种奇特的石头。

玻璃

最早的玻璃很浑浊。

2000年前

石头

吹玻璃

把玻璃器皿从吹管上敲落。

叙利亚工匠发明了吹制玻璃的技术。

光纤

光纤是一种非常细的玻璃纤维。除了玻璃，人们也用塑料来制作光纤。

今天你打开电脑就能连上互联网，都是因为我们。

照相机

照相机的发明也离不开玻璃。

镜子

唔……

在玻璃的一面涂满水银，镜子就做好了。

镜子，镜子，谁是世界上最漂亮的鸡？

中世纪

植物的灰烬

…慢慢冷却成形。

一位威尼斯的玻璃工匠在玻璃液内加入了草木灰，得到了更纯净的玻璃。

玻璃液

透明度很高的玻璃。

13世纪的威尼斯是世界玻璃制造中心。

有点模糊。

后来印刷术出现了，看书的人越来越多。

显微镜

人们用玻璃来制作眼镜。

显微镜和望远镜让人们看到了微生物与宇宙。

望远镜

43

宇宙飞船是怎么被送上天的

任何物体要想从地球进入太空，都需要火箭的帮助。

火箭燃烧燃料，喷出强大的热气流，从而飞向天空。

火箭起飞时的主要动力来自火箭助推器。

大部分火箭是从发射台起飞的，发射台可以帮助火箭维持直立。

逃逸塔
整流罩 内含飞船
三级火箭
二级火箭
一级火箭
助推器
发射台

好高啊！
好紧张！
哇

① 抛离逃逸塔，助推器分离。
② 一级火箭分离

③ 整流罩分离

⑥ 船箭分离

气球

我也是利用反作用力飞起来的。

⑤ 三级火箭分离

火箭带着宇宙飞船飞出大气层后,保护宇宙飞船的外罩就被扔掉了。

火箭冲出大气层,进入太空。

④ 二级火箭分离

燃料需要氧气助燃,因为太空中没有空气,所以火箭要自己带上很多氧气。

残骸

多级火箭由两级或三级组成,最底部第一级引擎的燃料用完后,就会脱离火箭,同时给上一级点火。

脱落下来的火箭有可能会掉到地球上。

火箭的任务完成了,剩下的事情就交给宇宙飞船了。

45

小提琴、钢琴和长笛的由来

我是拉瓦纳斯特隆。

拉瓦纳斯特隆传入阿富汗和波斯后,演变成有尖头的列巴布琴。

小提琴

管风琴是历史悠久的大型键盘乐器,两千多年前就在欧洲的教堂中出现了,它的声音听起来庄严又神圣。

我是列巴布琴。

小提琴的祖先,最早出现在5000年前。

我是雷贝克琴。

中世纪和文艺复兴早期的乐器。

我是小提琴。

长得很像小提琴,但却是夹在两膝间竖着演奏的。

意大利被认为是小提琴的故乡。

我是维奥尔琴。

羽管键琴是18世纪最受欢迎的键盘乐器。

我是楔槌键琴。

钢琴

我是管风琴。

最初的长笛是由植物的茎或动物的骨做成的。

骨笛

长笛

波姆长笛

19世纪时，德国的波姆对长笛进行了改革。

巴洛克长笛

巴洛克长笛是巴洛克时代的标准独奏乐器。

现代长笛

其他类型的笛子

陶埙　中国竹笛　排笛　苏格兰风笛

我是羽管键琴。

三角钢琴

我是钢琴。

钢琴的声音洪亮又清脆，富于变化，被誉为"乐器之王"。

立式钢琴

与现代钢琴一样，我靠敲击琴弦来发声。但我的声音很小。

47

黑乎乎的酱油是大豆和小麦做成的；

稻米和高粱都可以酿成醋；

好玩的泡泡糖来自天然的树胶；

美味的竹笋淋过春雨后会迅速长成竹子；

用来清洁的肥皂是油脂制成的；

弯弯曲曲的蚊香是用漂亮的除虫菊做原料的；

白花花的棉花经过加工可以变成五颜六色的服装；

又小又黑的蝌蚪长大后就会变成青蛙；

蜻蜓小时候是凶猛的水虿。

它们是怎么来的